AF223442

66
Denksonette

Friedrich W. May

66

Denksonette

Bibliografische Information der Deutschen Nationalbibliothek
Die Deutsche Nationalbibliothek verzeichnet diese Publikation in der Deutschen
Nationalbibliografie; detaillierte bibliografische Daten sind im Internet über
http://dnb.d-nb.de abrufbar.

© 2008 Friedrich W. May
Satz, Umschlaggestaltung, Herstellung und Verlag:
Books on Demand GmbH, Norderstedt
ISBN 978-3-8370-4833-9

Inhalt

Vorwort

Das Sonett ist als Gedicht ein dialektisches Gebilde, welches das Einerseits einer These dem Andererseits einer Antithese gegenüberstellt und beide einer Lösung und Synthese zuzuführen sucht. Eine bevorzugte Affinität und Nähe zum Sonett haben dabei besonders Themen und Gegenstände, die eine gewisse, vielleicht verborgene Polarität schon an sich und in sich tragen, die im Sonett dann der Form nach streng oder freier entwickelt wird. In einem erweiterten Sinne kann aber auch das Verhältnis der Themen und Sonettinhalte zum Autor dialektisch sein, was sich in einer nochmaligen Erweiterung vielleicht sogar von der Beziehung des Lesers zum Gedicht sagen lässt.

Was nun die Sonettform angeht, so ist der klassische Aufbau, zwei Quartette gefolgt von zwei Terzetten, hier beibehalten, es ist aber von der vorherrschenden klassisch metrischen Fünfhebigkeit immer wieder einmal abgewichen: Es finden sich nämlich daneben auch Drei-, Vier-, Sechs-, Sieben- und Achtheber. Ebenfalls wird der Leser darauf stoßen, daß beim Couplet als der Schlussformel der englischen Sonettform das Metrum in seltenen, einzelnen Fällen erweitert ist, damit die dynamische Bewegung ausschwingen kann, die im Sonett ja per se angelegt ist und sich gelegentlich ausdehnen will. Diese ein wenig freiere Handhabung der strengen Sonettform in einigen Texten betrifft auch die Reimform und die Reimfolge. Es ist nicht zuletzt eine gewisse Musikalität, die bei beiden Abwandlungen Pate gestanden hat. In der einen wie auch der anderen Hinsicht verbietet sich eine schematische Beurteilung, vielmehr kann der geneigte Leser von

Sonett zu Sonett prüfen, ob ihn die kohärente Struktur der poetischen Lösung jeweils zu überzeugen vermag.

Denksonette, was will das besagen? Zunächst einmal meint es, daß die vorgelegten Sonette der Gedanken- und Empfindungswelt des Verfassers entstammen, der sich in ihnen, mit ihrer Hilfe sozusagen, für sich persönlich um seine Interpretation von Welt und Dasein, um Erkenntnis bemüht hat. Im Sinne dieses Bestrebens sind es nicht selten Selbstgespräche, die im Autor dialogisch ablaufen und denen die Sonette entspringen. Sodann meinen die Denksonette aber auch, daß sie dem Leser etwas zu denken geben insofern, als sie ihn zum Mitdenken und Nachdenken einladen, um so bezüglich der Themen, Inhalte und der Sonettgegenstände sich seine eigene Sicht und Situation zu vergegenwärtigen. Am wenigsten können die Denksonette aber meinen und leisten, daß ihre Probleme, Inhalte und Gegenstände in verbindlicher und abschließender Weise bedacht und behandelt sind; dies mag im besten Falle ästhetisch, sprachlich-poetisch gelungen sein, der Leser bleibt aber darüber hinaus natürlich vollkommen frei darin, in Zuspruch oder Widerspruch sich seinen eigenen Reim auf die Welt zu machen. Und schließlich wäre dies auch eine Art von Dialektik, die jenseits aller vereinnahmenden Überzeugung in höchstem Maße zu wünschen ist.

I
Geist und Gedanke

Reflexion

Ins Sein geworfen auf den Erdenball
für triste wie denn auch für heit're Tage
erkennt der Mensch bald seine wahre Lage:
Daß Leben nichts als bloß ein Intervall.

Sein Kopf bedenkt das Nichts wie auch das All
und pendelnd zwischen Lust und arger Plage
wird alles ihm zu einer Zweifelsfrage,
die Antwort sucht und auch den Widerhall.

So schwankend zwischen Wahrheit oder Sage
erfährt er sich als Zünglein an der Waage …
Die Kugel gilt als die vollkommne Form

und Kopf und Globus gleichen ihrer Norm:
So wird des Menschen Weg dadurch besiegelt,
wie Globus sich im Kopf und Kopf im Globus spiegelt.

Tristesse des Denkens

Was führt das Denken gegen uns im Schilde?
Ideen, Begriffe, Logik, Strategien,
Systeme, Formeln, Kunst und Prophetien
und was dergleichen mehr an Truggebilde.

Das freie Denken kann sich ja verlieren
im Abgrund selbsterdachter Phantasien,
im Nichts von selbstentworfnen Utopien …
Das Denken tät sich besser konzentrieren,

denn Selbstbewußtsein ist doch ein Gefilde,
wo sich der Mensch noch längst nicht ist im Bilde;
er mag auf freies Denken sich versteifen,

er kann das Ganze nicht, nicht sich begreifen:
So ungebunden leben ist ihm schaurig,
woran man sieht: Das Denken macht uns traurig.

Hängepartie

Die Felder sind und Regeln nur der Rahmen,
im Gang ist längst der Weltgeschichte Spiel,
jedoch wer weiß, ob wir dem Schluss und Ziel
mit Sprüngen und mit Zügen näher kamen?

Uns geht's im Kampf um Sieg und Niederlage,
doch ob's ein solch endgült'ges Ende gibt
nach allem, was geschichtlich wir versiebt,
 ist eine große, antwortlose Frage –

und Frage auch, an der so vieles hängt,
woran der Menschen Denken sich verdenkt.
Vielleicht war ein Remis ja vorgesehen,

das Spiel sollt unentschieden weitergehen …
Die Frage bleibt, die wahrlich uns bedrängt,
solange die Partie noch länger, immer länger hängt.

Streit ums Ist

Es streiten heftig sich ums Ist
ein Idealist und Realist.
Der eine sieht drin Ideale,
der andre nichts als das Reale.

Was da denn nur zu streiten ist ?
Wenn einer sich da nicht vermisst …
Wie sie auch streiten, ganz egal,
ihr Streit ist nichts als höchst fatal,

weil dieses Ist, wie ja bekannt,
ist nicht von Dauer und Bestand:
Es ist das Ist der Gegenwart,

das sie und uns gehörig narrt,
denn trüg'risch ist's und gar nicht wahr,
geht flugs vorbei und wird zum War.

Hegelianisches Sonett

Ein jedes Ding, was man auch nimmt,
ist durch sein Gegenteil bestimmt:
Es weiß das Dunkle durch das Helle
erst wirklich sich an seiner Stelle.

So nimmt der Geist, höchst sonderbar,
recht eigentlich sich selbst nur wahr
durch Lebensleid und Lebenslust, –
er wird sich seiner selbst bewußt.

Hier liegt des Daseins erste Regung,
denn Gegensatz gebiert Bewegung,
die Zeit wir und Geschichte nennen

und doch als Ganzes stets verkennen.
So sind als Kinder wir des Lichts
im Leben zwischen Sein und Nichts.

M. H. liest W. S.

»Sein oder Nichtsein« heißt die Frage nicht.
Man muss die Worte also anders stellen:
»Sein *und* Nichtsein«, das bringt viel mehr ans Licht
von dem, wie sie im Dasein sich gesellen.

Dem Leben leihen beide sie Gewicht,
indem sie wechselseitig sich erhellen,
doch eins hält übers andre auch Gericht
und kann uns Dasein als Vorbei vergällen.

Nur in der Zeit ist ja das Sein zu denken,
wobei uns Angst und Man meist ab nur lenken.
Sind Nichtigkeiten schließlich weggedacht,

ist schon der Weg zur Lichtung freigemacht:
Es wird allein der Mensch sich selbst gewahr,
macht denkend Sein im Dasein offenbar.

Sinn und Sein

Was soll ein Sinn, der nur für sich besteht
und weltenfern, abstrakt und unbegreiflich
darauf, nur Sinn zu sein, allein versteift sich,
so daß ihn nichts und niemand je versteht?

Was soll ein Sein, das nur für sich besteht
und ohne Sinn doch gänzlich unbegreiflich
darauf, sinnlos zu sein, allein versteift sich,
auch wenn in Nichtsein letztlich es vergeht?

Dem Sein scheint Sinn und Sinn dem Sein verloren,
und beide sind sie bloß wie blinde Toren,
einander suchend ohne sich zu finden …

Doch wie nun Sein und Sinn zusammenbringen,
daß Deutung zukommt Welt- und Daseinsdingen?
Der Mensch kann sie in Fleisch und Blut verbinden.

Wider die Weltverbesserer

Ich bitte euch! Ihr könnt's euch wirklich schenken,
nur immer wieder weiter bloß bequem
mit saubrer Ordnung oder als System
des Weltbaus Fehler ganz hinwegzudenken.

Doch seht genau hin in die tiefen Senken:
Vielleicht verkennt ihr ständig das Problem,
weil euch der Blick geriet wie Polyphem?
Man sieht dort ganz banal den Irrsinn sich verrenken!

Was sitzt zufrieden ihr an vollen Tischen?
Um euch herum die dunkel tristen Nischen
sind Einfallstore für die Paradoxe;

wie blind ihr seid, verstockte Orthodoxe …
Ich zieh den Schluß daraus mir kategorisch:
Was Welt ihr nennt, ist nichts als provisorisch.

Definitionsversuch

Ich habe das mich oft schon selbst gefragt: Was ist das
                                          nur, das Leben?
Ist's Despotie? Ist's Alchemie? Ist's Clownerie? Ist's Elegie?
Ist's Hysterie? Ist's Idiotie? Ist's Havarie? Ist's Dernier Cri?
Was ist's, dem trotzdem wir in Angst und Not, im
                                          Unglück sind ergeben?

Was ist es dann? Ist es nun das, wonach wir immer alle
                                          streben?
Ist's Sympathie? Ist's Utopie? Ist's Symphonie? Ist's
                                          Rhapsodie?
Ist's Phantasie? Ist's Bonhomie? Ist's Harmonie? Ist's
                                          Poesie?
Was ist es nun, woran, wozu wir gar zu gerne uns
                                          erheben?

Das alles ist's, woran im Glück und Unglück wir ja so
                                          sehr kleben
als Empirie und Potpourrie, als Szenerie und Mimikry
mit Blasphemie und Prophetie in Energie und Entropie,

das alles ist, enthält, bedeutet, heißt und nennt sich
                                          unser Leben …
Das Leben ist uns allen auf – , dem sind wir alle
                                          untergeben,
obwohl an diesem Brocken alle wir uns schließlich
                                          doch verheben.

Konjugation von esse

Manche sind ganz weltversessen
und darüber ichvergessen
oder andre ichversessen
und darüber weltvergessen.

Wer ist da wovon besessen?
Wer ist da nun pflichtvergessen
falschem Oder aufgesessen?
Doch was ist uns angemessen?

Man bedenke unterdessen,
daß an beidem wir uns messen;
und es sei auch nicht vergessen:

Eins wie's andre nicht ermessen
können wir, infolgedessen
ist das Oder ganz vermessen.

Aporie, tierisch

Bei Dämmerung durch Lug und Trug
beginnt die Eule ihren Flug.
Zwar mancher macht sich einen Jux,
hält sich für einen schlauen Fuchs,

doch hat er Schuld und darum Weh,
dann scheut er weg so wie ein Reh.
Nur ist das alles schon zu spät,
hat dreimal erst der Hahn gekräht.

Er mag ein Drüben noch so löchern,
die Spatzen pfeifen's von den Dächern:
Sein Denken weiß nicht ein noch aus,

wer spielt mit wem hier Katz und Maus?
Daran hat er sich wundgedacht,
das hat ihn auf den Hund gebracht.

Urspannung

Zwischen Fühlen und dem Denken
kannst du schmerzhaft dich verrenken:
Wer bedenkt, wie antinomisch
Leben ist, der findet's komisch.

Zwischen Denken und dem Fühlen
sitzen wir auf Wackelstühlen,
trauen uns in vielen Fällen
nicht einmal, uns aufzustellen.

Viele sind dem ausgewichen
in der Meinung, zu vermeiden
diesen Menschen-Urkonflikt;

denen, welche ausgeglichen
in sich selber diese beiden,
ist ihr Leben meist geglückt.

Lob des Humors

Liegt dir ein Gegensatz zu schwer im Magen,
wie etwa der von hart und weich
und jener auch von arm und reich,
so sollst du dich deswegen nicht beklagen.

Viel besser ist's, die Gegensätze fragen,
wie etwa den von tief und seicht
und jenen auch von schwer und leicht,
sie lassen besser sich doch so ertragen.

Natürlich ist's ein bißchen auch verschlagen,
stets Witz in seinem Kopf parat zu haben,
doch läßt sich schnell und gut damit erreichen,

Konflikt und Spannung leichthin auszugleichen:
Es hebt beizeiten Einfall und Humor
den Menschen übern Gegensatz empor.

Selbstbescheidung

Hebt Denken ab, macht sich vom Boden los,
umgeben bleibt's von Fragen und von Finten,
die offen muß es daseinslang verwinden,
und landet doch stets noch im »Bodenlos«.

In welcher Richtung wir auch virtuos,
nach vorne, oben, unten oder hinten,
nach außen oder innen selbst uns schinden,
auf jedem Weg ereilt uns gleiches Los.

Da sehe jeder zu, wie er sich räche
mit Kunst, Musik, mit Tanz und auch Gedichten
ein Spiel zu treiben an der Oberfläche

und doch sein Tagwerk gründlich zu verrichten:
Beiseite lass er jetzt die schweren Fragen,
er dächte sonst sich leicht um Kopf und Kragen.

Gleichnis

für Margret Wiese

Was einerseits du hast gedacht, empfunden,
das schreib als Formel jetzt auf *eine* Seite,
auf daß von innen her sich vorbereite
ein Ansatz, den es gilt noch abzurunden

durch das, was du im Außen hast gefunden
und niederschreibst nun auf die *andre* Seite,
damit der Ansatz sich zur *Gleichung* weite
und kann ein Ganzes rechnerisch bekunden.

Und doch – auch beider Seiten *Gleichgewicht*
ist schließlich immer noch die Lösung nicht,
die suche nun für deine Unbekannte,

daß endlich sich ergibt als Resultante:
Die Welt und du, der dauernde Kontrast,
ist aufgelöst, weil *gleichnishaft* gefasst.

II
Geschichte und Gesellschaft

Geschichte und Geschichten

Wer weiß denn schon, was dieses ist: Geschichte …
Es gibt von ihr verschiedenste Gesichte,
die sich der Mensch seit je zurechtgelegt.
Doch ob und wie sie wirklich sich bewegt?

So manche sah'n in ihr das Weltgerichte
und andren schien's der Fortschrittsweg zum Lichte,
doch hat Geschichte, richtig überlegt,
die Menschen oft schon übel reingelegt:

Erwartung weckt sie, zwingt dann zum Verzichte,
läßt Hoffnung wachsen, macht sie dann zunichte,
bis Mut der Mensch gefasst hat im Erwachen

und rief: »Geschichte muß ich selber machen!«
Doch statt Geschichte macht er jetzt Geschichten,
die ihn vielleicht sogar zugrunde richten.

Vom Fortschritt

Was hat der Mensch nicht alles durchstudiert,
wovor geduldig hoffend er verharrte,
daß er sein Heil sich davon noch erwarte,
doch letztlich hat ihn nie was saturiert.

Was hat der Mensch nicht alles durchprobiert,
wobei auf Neues häufig er nur starrte,
daß einmal endlich etwas ihn nicht narrte,
doch letztlich hat ihn alles ramponiert.

Versuch und Irrtum heißt die Dauerplage,
die wirklich uns des Menschen Lage zeigt:
Dem Fortschritt, dieser märchenhaften Sage

ist er beharrlich immer zugeneigt …
jedoch, es hatte ja schon Sisyphus
mit seinem Vorwärtskommen arg Verdruß.

Menetekel

Wenn viele noch mit stolzem Fortschritt prahlen,
hab ich da so ein seltsames Gefühl
und denk an Harrisburgh und Tschernobyl
und sehe geisterhaft die Zukunft strahlen.

Die Mühlen Gottes und des Teufels mahlen
zwar langsam zwischen Stern und Molekül,
doch scheint's, als ob ihr fragliches Kalkül
enthält, daß wir für alles Tun bezahlen.

Noch ziehen wir aus Plus und Minus Strom,
wir klonen Tiere, spalten das Atom.
Vergessen längst die Demokrit'sche Lehre:

Es gibt Atome nur und große Leere …
Zusammen schaut die mächt'gen Menetekel!
Der Mensch – ein Esel, häufig auch ein Ekel.

Freistellung

Ihr seid entlassen, das heißt »freigestellt«.
Jetzt wißt ihr also, was sie Freiheit heißen,
die sie leichtfertig sprachlich auch verschleißen – ,
sozial gefedert kriegt ihr Arbeitslosengeld.

Was euch es kostet, Arbeit zu verlieren,
wodurch sie ihrerseits an Kosten sparen,
um mehr Gewinn rentabel einzufahren,
das wird am wenigsten sie irritieren.

Das Rad mag schnell sich, noch viel schneller drehen
in des Betriebes wildem Geldgejage,
Ressourcen, Umwelt vor die Hunde gehen,

soll doch die Armut nach sich selber sehen …
Der Fortschritt zeigt sich hier als Niederlage,
denn ungelöst bleibt die Verteilungsfrage.

Falsche Münze

Die Münze ist die Form, aus der sich speist
der Kreislauf so des Geldes wie der Güter;
als Währung braucht sie stets den strengen Hüter,
damit die Wertentwicklung nicht entgleist.

Auch kündet Münze noch von andrem Geist,
vom Menschen nämlich als geheimem Brüter,
der in den Köpfen simplerer Gemüter
behäbig meist nur um sich selber kreist.

Doch stets entrollt die Münze solchen Normen,
ist immer unterwegs zu neuen Formen:
So wendet heut sie sich in großer Schnelle

vom Schein und Konto flugs ins Virtuelle …
Woran man wieder sieht, das Pekuniäre
hat doch bedenklich viel von der Schimäre.

Kreislauf

Auch Geld und Güter müssen lebhaft kreisen,
damit der Mensch, was er so heiß begehrt,
mit Wachstumskräften mehr und mehr vermehrt, –
woher denn sonst soll sich der Wohlstand speisen?

Doch kann des Kreislaufs Kreisen auch entgleisen,
indem der Erde Haushalt wird verheert
und so der Mensch die Zukunft sich erschwert, –
was soll ihn in die Schranken noch verweisen?

Die Erde wird ihn mächtig Mores lehren
und ihm sein Dasein sicher noch erschweren.
Will Menschenart in Zukunft fortbestehen,

dann muß der Mensch bald ernsthaft in sich gehen:
Er darf am Ego nicht mehr sich berauschen,
muß endlich Ego gegen Geo tauschen.

Natur und Kultur

Der Mensch, gereizt von Höhe und von Weite,
erschuf die Technik sich als eine zweite
Kultur, die gläubig nur dem Fortschritt huldigt,
womit er ihn und sie und sich entschuldigt.

Einst ist er still und dennoch unverweilt
aus der Natur klammheimlich weggeeilt ...
Wird sie nun diesen Ungeduldigen,
den Flüchtling des Verrats beschuldigen?

Sein Wesen mag mit Mut ins Freie streben,
voll Kraft zu größter Größe sich erheben,
zu höchster Höhe schließlich auf sich schwingen –,

das Leben wird er aber nicht bezwingen:
Er bleibt der Natur verlorener Sohn,
die Großkatastrophe der Evolution.

Zukunft

Am Anfang war die Tat, was wird am Ende sein?
Sie hat verteufelt viel komplexe Konsequenzen,
entwickelt auch hinweg sich über alle Grenzen …
Die Zukunft wird zum dummen, spitzen Stolperstein.

Und das geht so: Ein Stein, und sei er noch so klein,
der bringt gleichwohl Lawinen ungeahnt ins Rollen
mit fernen Folgen, die wir alle gar nicht wollen …
Das macht Geschichte zwar, doch leider uns auch Pein.

Unmöglich läßt das Mögliche sich überschauen
und auf Prognosen kann man leider nicht vertrauen:
Wir leben, denken bloß in kleinen Horizonten,

von denen's später heißt: »Sie taten, was sie konnten!«
Doch wären wir viel besser wohl damit beraten,
wenn einst es nach uns heißt: »Sie wußten, was sie taten!«.

Ironie der Geschichte

Wie gut das ist, erheiternd und erhebend,
Gedankenflügen leichthin nachzuhängen,
sich großen Geistern heimlich beizumengen,
wie gut das ist, erweiternd und belebend.

Doch Alltagsdinge gibt's, die widerstrebend,
gewaltsam, machtvoll uns die Zeit beengen,
polypengleich und listig ein uns zwängen
zu einem Leben fest am Boden klebend.

Ob Waterloo, ob Sinken der Armada,
Vergangnes bietet zahlreich die Suada,
daß von den großen und den größten Dingen

sehr wenig letzten Endes nur gelingen …
Es macht mit Ironie ja die Geschichte
durch Winzigkeit oft großen Plan zunichte.

Auch eine Grundsatzfrage

»Gut ist, was dem Volke nützt!«
Lautstark war's zu hören;
kaum wem schien es überspitzt,
viele konnt's betören.

Manches Individuum
hält sich für höchst wichtig,
nimmt es auch persönlich krumm,
findet's wer nicht richtig.

Prüfend hin und her zu wandern
von dem einen zu dem andern
und dabei sich einzuprägen,

daß es stets gilt, abzuwägen:
Die gewicht'ge Grundsatzfrage
macht allein dich schon zur Waage.

Die Romantiker

Monarchie und Bürgerkammer,
Industrien, Naturidylle,
Herrschaft ohne Volkes Wille,
Herrlichkeit und Katzenjammer.

Wer verschafft dem nur die Klammer,
daß, die tödlich sind zerrissen
zwischen Pflichten und Gewissen,
daß sie für die Zukunft strammer,

fester sich zusammenrafften,
melancholisch nicht erschlafften?
Wenn sie doch, unausgeglichen,

litten am Unendlichen,
dies allein schon konnt' sie adeln,
mag die Nachwelt sie auch tadeln.

Gewalt des Geistes

Warum habt Schutz und Gnade ihr entzogen
Vanini, Müntzer und Savonarola,
auch Galilei und dem Campanella?
Ihr habt des Geistes Wahrheit schwer verbogen.

Was anders denn als Macht hat euch bewogen,
daß Kepler ihr, Kopernikus verdammtet
und Schriften, Menschen – Bruno, Hus – verbranntet;
ihr habt euch damit doch nur selbst betrogen.

Der Geist weht, wo er will. Sein freies Walten
ist kraftvoll, stark, phantastisch ungezügelt;
es ist von nichts und niemand aufzuhalten

und hat die Menschen eh und je beflügelt:
So wird sein wildes, wundertät'ges Wehen
vorbei an euch, ja gegen euch geschehen.

Florenz heute

Was einst als edle Einfalt, stille Größe
vom Geist der Stadt Athens uns übrigblieb
und was bedeutend war, uns wert und lieb,
auch Achtung hoch und Ehrfurcht ein uns flößte,

dagegen rücken vor nun heut die Stöße
von Werbung, Ferntourismus und Betrieb:
Vermarktet wird der reine Schönheitstrieb
banal zu Wellness, Glamour, simpler Blöße.

Sie strömen her aus Völkern und aus Ländern,
doch Kunst und Ideal sind schwier'ge Gaben,
es trennt von Massen sie ein tiefer Graben.

Bewundernd an viel Schönem längs zu schlendern,
so einfach ist nun Größe nicht zu haben,
denn Schönheit meint: Du mußt dein Leben ändern.

Irdisch – Antäisch

Schon immer war's dem Menschen sehr verführerisch,
daß Phantasie zu höchsten Höhen ihn erhebt,
vom Traum beschwingt zu fernsten Fernen er entschwebt …
Der Vorgang ist auch irgendwie betrügerisch.

Es war und ist und bleibt der Mensch ja doch terrestrisch,
denn Erde ist's, die ihn antäisch neu belebt,
an der mit allen Fasern er gehörig klebt –,
die Erde war und ist und bleibt ja unser Esstisch.

Wir fahr'n von Land zu Land in rasend schnellen Zügen,
wir tischen auf für uns nur allerfeinste Gaben
und fragen kaum, ob denn die andren auch was haben.

Wir düsen um die Welt in vielen Jetset-Flügen,
wir fühlen über schwere Fragen uns erhaben
und merken nicht, wie leicht wir ständig uns belügen.

Lokal oder global

Lokales denken, doch global verhandeln,
das meint: Mit eigenmächtigen Bezügen
sowohl die Welt als auch sich selbst betrügen
und so sich selbst und auch die Welt verschandeln.

Globales denken, doch lokal verhandeln,
das heißt: In menschlich weitesten Bezügen
sowohl der Welt als auch sich selbst genügen
und so die Welt und auch sich selbst verwandeln.

Global, lokal so geistvoll zu verbinden
daß Menschen spielend zu sich selber finden,
das ist zu tun und kann gewiß auch glücken,

lokal, global hier kunstvoll zu verquicken:
Wer nah und fern persönlich klug gewichtet,
der Wald der Welt sich ihm zur Lichtung lichtet.

Landschaftserleben

Tektonik, Klima, Mensch, die drei Faktoren
erschaffen Länderzonen ohne Ziel,
so Arktis wie Toskana oder Nil,
denn Landschaft ist aus ihnen ja geboren.

Sie sind stets da und wirken als Motoren
durch Zufall nur und seltsam ohne Stil,
so scheinen sie ihr tolles Gaukelspiel
im Wechsel zu betreiben vor den Toren.

Und doch, so wirkt's auf mich in manchen Stunden
des freien, frohen, glücklichen Erlebens,
daß mitten zwischen grob und auch subtil

ein Künstler wohl tat Arbeit nicht vergebens,
indem er Farben, Formen, Licht, Profil
der Erde hat so meisterhaft erfunden.

Landschaft

Was Landschaft ist, was Landschaft kann
mit Bergen, Meeren, Tälern, Küsten,
mit Hügeln, Steppen, Wäldern, Wüsten,
das siehst du ihr so leicht nicht an.

Und doch!, wie sie uns dann spontan
im Essen, Trinken prägt und Reden,
im Glauben, Meinen eines jeden
ist Erde uns stets zugetan.

Die Heimat gibt gewisse Prägung,
die uns bestimmt in mancher Regung;
man mag als typisch auch erkennen,

was andre an uns eigen nennen,
und doch –, wir sind durch Stirb und Werde
ja alle Kinder der Mutter Erde.

Wieck

Wie schön sich Meer und Land hier fest umschlingen!
Doch wer konnt Findlinge bloß hierher wuchten
zu Stränden, Bodden, schilfumsäumten Buchten?
Gewalten sind's, die kann kein Mensch je zwingen.

Wie gut die Böden hier Bewuchs erbringen
mit Föhren, Birken, Flechten, Moosen, Buchen,
mit Farnen, Salzkraut und was wir noch suchen.
Wem konnte solche Landschaft nur gelingen?

Natur! , Natur! – , die große Zauberin,
sie nimmt sich Zeit, bekommt so alles hin
und schafft's, an Menschen, Tieren, Pflanzen, Steinen

im Schöpfungskreislauf alles zu vereinen:
Sie schafft, zerstört und schafft doch stets erneut,
was Herz und Geist uns Menschen hoch erfreut.

III
Leben und Tod

Tafelmusik

Die Jugend ist ein Aufgesang
mit hundertfachen Möglichkeiten,
das Leben will sie uns bereiten
in hellem, Dur-bestimmten Klang.

Des Alterns Moll-getrübter Klang
voll zahlloser Unwägbarkeiten,
die nur mit Mühe wir bestreiten,
gleicht eher einem Abgesang.

Das Leben aber im Dazwischen,
dem trügerisch- wie träumerischen,
liegt ausgebreitet auf den Tischen

mit Büchern, Noten, Bildern, Speisen,
mit Tönen, Klängen, Kleidern, Reisen,
daß zur Musik wir sie uns mischen.

Worte und Blicke

Ich gab dir mein Wort,
du mir deinen Blick;
du nahmst mich beim Wort,
ich dich bei dem Blick.

Du gabst mir dein Wort,
ich dir meinen Blick;
ich nahm dich beim Wort,
du mich bei dem Blick.

Tausch von Worten und von Blicken
flocht sich so zu Schicksalsstricken, –
plötzlich waren wir gebunden,

kaum daß wir uns recht gefunden:
Doch der Nornen Meisterstück
schuf uns unser Doppelglück.

Bipolar

Gehirn und Genitalien,
die einerseits bedingen
und andrerseits beschwingen,
die sind ja nicht Lappalien,

sind vielmehr Repressalien,
die mächtig uns durchdringen
bis beinah zum Zerspringen –,
so sind halt die Realien!

Mit tollen Kapriolen
bewegt sich unser Leben
durch wilde Infernalien,

die soll der Teufel holen! ,
bis göttlich uns erheben
des Geistes Saturnalien.

Meta – physisch

Als Monica sich urologisch
lustigmachte …

Es hängt an jedem Jüngelchen
da unten so ein Dingelchen
und hin und wieder hebt es sich,
will sagen: So belebt es sich.

Nun ist das Ding ein Schlingelchen
und hat schon mal ein Klüngelchen,
dann immer wieder rührt es sich
und wächst und wird zum Ding an sich.

Von dem hat Kant ja schon erkannt,
es läge jenseits vom Verstand
wie alles, was ist absolut

und unbegreiflich unsrer Brut:
Doch das ist wohl des Lebens List,
daß dies, und mehr noch, meta ist.

Aus dem Zwischenreich

Dir sei gesagt, wenngleich auch schroff
und mit genau bestimmter Trauer:
Wir sind ja nur zu kurzer Dauer
gemischt aus fleischlich flücht'gem Stoff

und andrenteils aus Geist auch wohl –,
doch sind wir darum denn nun schlauer?
Bestimmen wir es noch genauer,
ist unsre Lage höchst frivol ...

Ob nun der Geist dem ird'schen Stoff
scheint weiter nichts als Apostroph,
ob es nicht grade umgekehrt

der Stoff ist, der nach Geist begehrt,
(die Frage bleibt wohl ungeklärt ...)
zwar leben wir im Zwischenreich,
doch dieses Zwischen macht uns reich.

Selbstermahnung

für Walter Böhme

Wird Last um Last vom Leben aufgeladen
an Akten, Kleidung, Hausrat und Geschirren,
daß mehr und mehr die Dinge uns umschwirren,
dann trägt man leider schon davon den Schaden.

Wer möchte solche Packen denn ertragen
und sich die letzten Jahre noch beirren?
Das Alter will sich keiner gern verwirren,
drum soll man kühn Entschlüsse leichthin wagen:

Den Sinn fürs Wesentliche gilt's zu schärfen
und Ballaststoff beizeiten abzuwerfen.
Nur wer sein Dasein mutig so erleichtert,

der wird vom Leben auch dafür bereichert:
Er steigt empor, sein Horizont wird weiter,
und wolkennäher lebt er frei und heiter.

Wohltemperiert

Mit heißer Erde will dich hier berücken
der dunkelbraune, trübe Fangoschlamm,
in dem schon vormals einst dein Vor-Ich schwamm –,
was du jetzt fühlst, kann das dich denn beglücken?

Du solltest jetzt wohl kühlen Kopf bewahren!
Verjüngung ist's, was jeder hier begehrt,
doch leider, leider ist sie uns verwehrt – ,
in kalte Erde wirst hinab du fahren.

Du hältst bei Temp'raturen noch die Mitte,
du lebst gesund, lebst wohl und temperiert,
doch heimlich flüsterst du dir zu die Bitte,

die laut zu wünschen ehrlich dich geniert:
Es währe so noch viele gute Jahre,
denn Leben ist das eine einzig Wahre.

Fango – Traum

Du darfst zu sehr aufs Leben ab nicht stellen!
Betrittst du unten den Behandlungsraum,
verfällt dir leicht dein Leben hier wie Schaum,
wenn links und rechts die kargen, nackten Zellen

verlocken dich mit Leinen-Bettgestellen
und hellem, schlafensweichem Deckenflaum
im heißen Fangoschlamm zu andrem Traum:
Dein Dasein nunmehr ganz dahinzustellen.

Jedoch die Lebenskräfte, die erschlaffen,
die spürst du frisch und bald wie neu geschaffen:
Verflogen ist der läst'ge Altersfrust

und dir erwächst aus neuer Lebenslust
die alte Kraft zu strahlend froher Tugend,
und schlummernd träumst du schon von zweiter Jugend.

Fango – Zuspruch

Nur Mut, nur Mut, du mußt hindurch
durch warmen feuchten Erdenschlamm.
in dem so viel schon vor dir schwamm:
Amöbe, Kröte, Fisch und Lurch.

Komm her, komm her, das ist zwar heiß,
worin fast jeder ungern weilt,
obwohl er gern die Glieder heilt,
wie hier seit Römerzeit man weiß.

Nur zu, nur zu, und sei nicht bang,
Gesundheit braucht auch etwas Zwang;
nur Mut, nur Mut, es tut doch gut

dem Fleisch, den Knochen und dem Blut –
hast du dich erst hindurchbegeben,
so wachst du auf zu neuem Leben.

Fango – Lob

Loben wir den Erdenschlamm:
Alles ist daraus geschaffen,
Pflanzen, Tiere, Menschen, Affen,
jedes Quentchen, jedes Gramm.

Schätze jedes Kilogramm
dieser braunen feuchten Masse,
daß sie uns gesunden lasse,
fit zu sein und auf dem Damm.

Ohne ganz es zu verstehen,
lassen wir's an uns geschehen;
aber wie wir es genießen,

daraus darf man schließlich schließen,
daß es uns was Gutes tut,
Erde liegt uns ja im Blut !

Big Boss Management

Was man gemeinhin Leben nennt,
das ist das große Management.
Es nimmt bestimmte Stoffe sich
und daraus formt es dich und mich

und stellt uns her als ein Gerät,
das Welt und Markt auch oft verschmäht,
treibt jahrelang uns produktiv
konjunkturell durch Hoch und Tief.

Und sind wir dann amortisiert,
so legt es uns ganz ungeniert
in einem dunklen Erdengrab

als Aktenvorgang schließlich ab
und unsrer Teile Registratur
besorgt letztendlich die Natur.

Polaritäten

Die Welt ist voll von Gegensätzen,
die immer uns durchs Leben hetzen
als Tag und Nacht, als Licht und Dunkel,
als Erdenduster, Sterngefunkel,

als Leben und Sterben, als Enden, Beginnen,
als Wachen und Schlafen, als Außen und Innen,
als Ich und das Andre, als Können und Sollen,
Empfinden und Denken und Handeln und Wollen,

als Flucht und Ruhe, als Krieg und Frieden,
als Lärm und Stille, Hinan und Hienieden -
und alles durchwirkt von Werden, Vergehen ...

Das müssen wir leben. Ob Scheitern, Bestehen:
Es schwingt über Freude und schwingt über Leid
der Engel des Endes die Sense der Zeit.

Schweigsamer Tod

Wo du mal stirbst, an welchem tristen Orte,
und auch das Wann und ebenso das Wie,
das eigne Sterben glaubst du schließlich nie …
Der Tod verliert, so sagt man, keine Worte,

er ist ein steter, schweigsamer Konsorte
als deines Daseins fremdes Vis-à-vis;
da hilft dir leider auch kein Dernier Cri
bei deines Lebens stummer Schluss-Eskorte.

So grausam dir's persönlich auch erscheint,
es nützt dir hier kein Rechten und kein Fragen;
vielleicht, eh Schmerz und Klage dich versteint,

wirst du den Glaubenssprung zuletzt noch wagen
und sehn: Der Tod ist ja nicht bös gemeint,
er hat am Ende dann auch nichts zu sagen.

Schule des Lebens

Das Lied der Welt hat viele wechselhafte Strophen,
die von Natur, von Liebe und vom Tod erzählen,
doch will Vollkommenheit damit sich nicht vermählen,
die Welt kennt leider viel zu viele Katastrophen.

Die Schulen hab besucht ich weiser Philosophen,
doch keiner konnt mit seinen superklugen Lehren
die alten Rätsel mir von Sein und Welt erklären,
sie schienen manchmal mir schon fast so wie Ganoven.

So mußt ich mich auf eigne Faust daran begeben,
das Leben unbelehrt, auf mich gestellt zu leben.
Doch jetzt, da ich zu leben beinah schon gelernt,

werd aus dem Leben langsam wieder ich entfernt …
Nur – das ist das, was wir schon in der Wiege erben:
Das Leben ist ein langes, oft zu langes Sterben.

Gemeinnützige Abtretung

So sprach der Tod: »Ich komme meist wohl ungelegen,
auch wenn zuweilen mich Freund Hein die Menschen
nennen,
doch von der Bühne, die wir ja als Dasein kennen,
muß ich dich dringend bitten nunmehr abzutreten.«

Ich fragte: »Wie lang darf mein Eh'gespann noch leben?
Er ist bereit, von Lebenszeit mir abzutreten
und mir zu schenken von der Zeit, der so erflehten.«
Doch wollte mir der Tod kein Recht und nach nicht
geben …

Er murmelt endlich was von sechsundzwanzig Jahren,
und hälftig sind als Paar wir gut damit gefahren:
Noch dreizehn Jahre durften wir zusammen leben!

Wann hat es jemals solches denn schon wo gegeben,
daß zeitlich etwas ab der Tod sich handeln lasse?
Er kann ja nicht beliebt sein, nur – daß man ihn nicht mehr
hasse.

Letzte Reise

Wir alle sind ja längst zur letzten Reise
schon eingebucht zur Fahrt ins Land der Schatten,
die uns bevorsteht, wenn wir einst ermatten,
ein jeder dann auf seine eig'ne Weise.

Schon naht des Charons Nachen still und leise,
und eh man meine Hülle wird bestatten,
soll er die Frage hier mir noch gestatten,
ob denn mein Platz im Leben dann verwaise ...

Doch Charon hüllt sich tiefer noch in Schweigen,
und keine Regung will die Miene zeigen.
Nicht wissend, was die Überfahrt bedeutet,

wenn Sterbeglocke mir zur Fährfahrt läutet,
seh skeptisch ich den Styx aus meiner Warte
und löse rasch mir noch die Rückfahrkarte.

IV
Religion und Sprache

Agnosie

Was hat der Mensch nicht alles fabuliert:
Emblem, Poem, Probleme und Systeme,
auch Theorem erhöht bis ins Extreme
und allerorten kräftig exponiert.

Was hat der Mensch nicht alles transzendiert:
Ideen, Götter, Dogmen und Parteien,
auch Schriften, Mythen, Orte, Sakristeien,
und dies zu allen Zeiten heftig exaltiert.

Und was hat er nicht alles spekuliert,
Programme, Manifeste, suggeriert
hat er sich auch Konzepte und Entwürfe,

als ob er eines Jenseits noch bedürfe …
Doch fiel mit jeder neuen Hypostase
er immer wieder nur auf seine Nase.

Einfalt oder Vielfalt

Die Menschen, welche nach dem Einen schielen
und unentwegt auch von der Einheit träumen,
die ahnen nicht, was alles sie versäumen
und wem sie künftig in die Hände fielen;

sie wissen nicht, dass Chancen sie verspielen,
und seh'n den Wald nicht mehr vor lauter Bäumen ...
Wie anders denken da human von Räumen
doch jene, die bewußt auf Vielfalt zielen.

Aus Vielfalt nur kann recht und frei entstehen,
was viele gern mit Einverständnis sehen:
Gedankenfülle sollten wir verehren.

Der Mensch will kräftig aus dem Vollen schöpfen
dem Füllhorn gleich, von dem wir viel begehren – ,
den Einheitswahn, den laßt den Sauertöpfen!

Bescheidener Absolutismus

Wer das nur wüßt: Wozu das Absolute gut ist?
Nun hat vor solcher Frage menschlicher Verstand
jedoch wahrhaftig letztlich einen schweren Stand,
da ist es gut, wenn einer vor sich auf der Hut ist.

Wir fragen so, weil Fragen menschlich uns ein Muss ist …
Jedoch was nützt es denn, wenn einer solches fragt ?
Es bleibt die letzte Antwort ihm ja doch versagt
und zeigt ihm deutlich nur, daß Fragen meistens Frust ist.

Trotzdem wird falsche Antwort vielfach uns gegeben
durch die, an denen feste dann die Gläub'gen kleben.
Es ist uns Absolutes wohl nicht angemessen,

als Frage aber sei's zeitlebens nicht vergessen:
Bleibt Anwort aus, so ist das wahrlich kein Verlust,
es macht die Relativität uns klar bewußt.

Das Relative ist das einzig Absolute

Ist wer vom Absoluten eingenommen,
das er ja ganz genau zu kennen glaubt,
wenn andern Menschen er das Leben raubt,
meint er sich Gott wer weiß wie nah gekommen.

Der Irre ist vom Error so benommen,
weil für ein Ur-Ur-Faktum er ertaubt,
daß nie der Mensch sich Absolutes raubt, -
so ist der Terror in die Welt gekommen.

In sich mag wer ein Absolutes spüren,
doch lasse er sich nicht davon verführen:
Nicht als Gesetz und nicht als Schrift gegeben

ist Absolutes uns, das wir erstreben.
Das also sind mir ernstlich die Motive,
warum mir einzig wahr das Relative.

Fabelhaft

Es möcht' der Mensch an Absolutes glauben,
weil er sich sehr nach fester Größe sehnt
und dazu Fabeln der Natur entlehnt,
doch geht's ihm wie dem Fuchse mit den Trauben.

Er weiß nicht, wie sich die Erkenntnis rauben,
was die Moral der Fabel uns gelehrt,
doch scheint ihm diese Einsicht meist verwehrt
und er beginnt, Gedanken hochzuschrauben.

Er spekuliert herum im Relativen,
verzehrt nach Trauben sich statt nach Oliven,
versteigt sich kühn in morsche Hypothesen

und grübelt, ob da irgendwas gewesen …
Es hilft ihm nichts, das hohe Absolute
das zeigt ihm höchstens spöttisch seine Schnute.

Fragment Mensch

Wie gern flanieren wir auf dem Lebenskorso,
wenn er uns nur die Blumenseite zeigt.
Erst wenn wir wissen, was er uns verschweigt,
erahnen wir das Leben dann als Torso.

»Was ist der Mensch?« Wir fragen's Welt und Gott.
Wozu auch letzte Antwort sich versteigt,
der Meinung bin ich wirklich zugeneigt:
Das Fragen führt sich selber zum Bankrott.

Er mag durch Wissen, Macht und Kunstsinn glänzen,
mag offen und hinaus sein über Grenzen,
doch bleibt er Teil im großen Weltgefüge,

sich dies verhehlen wäre glatte Lüge ...
Ob Exzellenz, ob Eminenz, – als Existenzen
muß uns ein Gott am Ende noch ergänzen.

Metaphorisch

Als einst der Mensch noch metaphysisch dachte
und wähnte jenseits eine bess're Welt,
auf die als wahren Wert er stets gezählt,
da lebte er ganz glaubensfroh und lachte.

Je mehr der Mensch dann alles selber machte,
weil er von seinem Eigenwert geschwellt
sich stolzen Sinns nur auf sich selbst gestellt,
entschwand das Meta nach und nach ganz sachte.

Doch was der Mensch dabei nicht recht bedachte,
war, daß sein Denken traurig sich verflachte.
So macht' er irrend selber sich zum Toren

und sucht doch eifrig, leise und verstohlen
den Horizont, den blindlings er verloren,
noch listig metaphorisch heimzuholen.

Wahrheit und Sprache

Wahrheit und Logik schlossen einen Pakt,
Erkenntnis sollt' präzise sich ergeben.
Sie wünschten auch die Sprache sich exakt,
daß gleichgerichtet sei nun beider Streben.

Die reine Wahrheit, heißt es, ist abstrakt,
konkret kann keiner jemals sie erleben;
der Volksmund nennt im Bilde sie ja nackt,
ein wenig Leben an sie abzugeben.

So ist denn ihr Verhältnis höchst vertrackt,
im Dunkeln langen beide oft daneben ...
Doch Sprache hat das Rätsel fast geknackt

und nötigt Wahrheit, etwas preiszugeben:
Metapher schafft wahrhaftig den Kontakt,
Partikel so von ihr ans Licht zu heben.

Wovon man nicht sprechen kann …

Woher?, wohin?, wieso denn überhaupt?
So schwere, ernste, meist auch letzte Fragen.
Wer darf, wer kann denn da die Antwort wagen?
Doch fragen ist dem Menschen wohl erlaubt.

Und wenn vielleicht er noch nicht ganz ertaubt
für das, was ihm die inn'ren Stimmen sagen,
dann wird er in der Zukunft kaum mehr klagen
und sich auch nicht verwehren, daß er glaubt.

Hat einer seine Wahrheit nun gefunden,
ist allem Ursprung so er ja verbunden
und wird gebunden auch in Zukunft bleiben …

Das geht zunächst zwar ihn allein nur an,
jedoch – , wovon er selten sprechen kann,
darüber will, ja muß er aber … schreiben.

Poetische Reitschule

Wer kennt es denn, das seltsam fremde Tier?
Es steht und stand ja niemals auch im Brehm!
Dem Halter ist das Zauberroß Problem,
und doch gereicht's nicht selten ihm zur Zier.

Beflügelt fliegt es gern zur Himmelstür,
empfängt vielleicht dort Dichters Diadem,
schlägt Musenquell mit Hufen aus dem Lehm,
denn auch die Erde ist noch sein Quartier.

Dies Pferd erwählt als Wappen und Emblem,
führt tief hinein bestimmt dich ins Trotzdem:
Nur lass nach Lust und Laune es gewähren,

es kämpft das Ross dir nieder die Chimären,
vorausgesetzt, und dies ist unbestritten,
du hast's mit Zucht gehörig zugeritten.

Sprachschöpferisch

Die Dinge waren lang schon da,
sie standen stumm und wie am Rand
und von sich selber abgewandt,
bis eines Tages dies geschah:

Es waren Menschenwesen da,
die haben Dinge unverwandt
bezeichnet, namentlich genannt
von Alpha bis zu Omega,

von Sternenschein bis Marmorstein,
so kam das All vom stummen Schein
durch Sprache, die der Mensch erfand,

zur Existenz ins wahre Sein:
Erst wenn ein Ding wird recht benannt,
ist ihm die Stummheit weggebannt.

Poetik? – Poethik!

Die Dinge sind und bleiben alle stumm.
Sie mögen ja doch noch so oft sich häuten,
wer weiß was auch an Überwelt bedeuten,
Welt an für sich ist nur Silentium.

Ein Ich, das menschlich unsrer Welt begegnet,
das möcht sich dieser mehr und mehr erfreuen
und dann für sich wohl Sprache auch erneuen,
mit Sprache ist's als Mensch ja doch gesegnet.

Die Sprache also ist dies wicht'ge Dritte,
um Welt und Mensch den Zauberkreis zu schlagen:
Sie führt dann kühn »poethisch« in die Mitte

und kann es kunstvoll dichtend so auch wagen,
den Dingen zu dem stummen Eigenleben
die Wirklichkeit des Ausdrucks mitzugeben.

Dichterwettstreit

für Hartwig Dünow

Mein lieber Freund, die mit Gedichten wir uns salutieren,
wir sollten doch auch künftighin uns länger nicht genieren,
daß eifrig wir auf diesem Felde wechselnd konkurrieren
mit Versen, die im Wettstreit wir ja fleißig fabrizieren.

So sehr auch Sprache wir vielleicht gewaltsam okkupieren
und Bilder, Sätze, Worte gar zuweilen malträtieren,
des Spielens Trieb wird ständig uns noch weiter animieren,
weil uns der Zeilen Reim kann immer wieder amüsieren.

Wenn Wettbewerb und Spiel uns fürderhin noch motivieren,
daß wir Metaphern, Verse, Strophen freudig produzieren,
dann kann, wenn wir nur Sprache gut, genau und
                                      recht traktieren,
(das lass mich interlinear mal hier hineinglossieren)

Poeterei sehr wohl das lyrisch feine Buchstabieren
als Glücksmoment gelegentlich kairotisch inspirieren,
damit, beizeiten noch, uns kunstvoll doch Sonette zieren.

Pseudosonett

Jetzt schreib mal ganz adrett
ein Wort, in welchem sofort keimt
ein weit'res, das sich darauf reimt,
und schon ist so komplett

vierzeilig ein Quartett,
das stellt sofort, doch insgeheim,
dir auch noch weitere anheim,
drum bitte! , sei so nett,

beginne ein Terzett,
das die Idee zu Ende führt,
wie es poetisch sich gebührt

vom A bis hin zum Zett,
so daß man, dichterisch berührt,
erkennt: ein fertiges Sonett.

Egoistisch

Die Uhr schlägt – uns alle.
(St. J. Lec)

Die Zeit ist ein absonderliches Ding
und handelt gegen uns wie ein Despot,
sie achtet uns seit jeher nur gering
und schlägt uns alle letzten Endes tot.

Die Zeit ist ein verwunderliches Ding:
Wer langweilt sich, der hat mit ihr bloß Not,
er achtet sie darum auch nur gering
und schlägt sie dann am Ende sogar tot.

Was daran Rache ist von wessen Seite,
das überlasse ich dem Denkerstreite …
Ich nutz die Zeit, leg Wert auf kurze Weile,

verschreib Sonetten mich, doch ohne Eile,
und ganz mir selbst: Eh Zeit mich führt ins Weite,
bin ich mir erste und auch letzte Zeile.

Sonatensonett

Was weiß denn ich? Wer hat mich exponiert?
Geworfensein ins Leben ohne Schema
bin ich mir selbst das einzig wahre Thema,
das durch und durch vielstimmig wird geführt.

Mal forte, mal piano ziehen stur
in metrisch stetem Takt- und Tonartwechsel
durch Hoch und Tief und buntes Formgehäcksel
mich Stimmen magisch quer durch Moll und Dur.

Im Fortgang oft den Kon- und Dissonanzen
hör schnell ich an die trügerischen Schlüsse,
da es sich andrängt, hinstaut zur Fermate – ,

dann horch ich auf, als ob im Chor des Ganzen
der *andre* Ton sich hören lassen müsse,
der mir mein Leben macht zur Personate.

Erlebnis in Fontevrault

Durchflutet ganz von wundervollem Lichte
erschienen einst in einem wachen Traum
als Zwillingspaar in einem einz'gen Raum
das Kircheninnere sowie Gedichte:

Wie Sätze sich zu großen Bögen schichten,
getragen von der Silbenfolge Bau
in Metren kunstvoll lenkend sehr genau
zu hohen Geisteszonen, die mitnichten

und niemals jemand hat bisher gesichtet – ,
und doch sind Bauten, Werke aufgerichtet
in Klängen, Versen, Strophen, Streben, Steinen,

Substanz und Geist im Maße zu vereinen,
das jenseits von Gesang, Altar und Chore
erhebt den Menschen lustvoll zur Empore.